LE TRIPODE

Littératures ■ Arts ■ Ovnis

LE TOUT VA BIEN

Le monde en 2018
vu à travers des titres de presse.
Une anthologie préparée
par Adrien Gingold et Frédéric Martin.

LE TRIPODE

UN MAGICIEN DEVIENT ALLERGIQUE À SON LAPIN

[Sciences et Avenir]

AGRICULTURE : LA FERTILITÉ DES SOLS MESURÉE AVEC DES SLIPS

[Ouest-France]

BASSIN D'ARCACHON : ON CROIT QU'IL VEUT SE SUICIDER ALORS QU'IL CHERCHE SA BIÈRE SUR LE TOIT

[Sud Ouest]

UNE JOGGEUSE QUI FAIT CACA À RÉPÉTITION DEVANT LA MÊME MAISON EST RECHERCHÉE PAR LA POLICE

[Le Journal de Montréal]

OUTRAGES : LE SUPERZOOM DE L'HÉLICO IDENTIFIE SES FESSES

[La Dépêche]

L'HOMME QUI A VOLÉ 113 PLÉIADES DANS UNE LIBRAIRIE PAR « ROMANTISME »

[L'Obs]

ESPACE.
UN RAPPEUR LÈVE DES FONDS POUR PROUVER QUE LA TERRE EST PLATE

[CNews]

MEURTHE-ET-MOSELLE : UN CONDUCTEUR VERBALISÉ POUR AVOIR PAYÉ TROP VITE UN PV

[Le Parisien]

ELLE S'INVITE À DES ENTERREMENTS DEPUIS 14 ANS POUR PROFITER DES BUFFETS

[RTL]

AGRESSION AU COUTEAU À PARIS. « ON L'A FUSILLÉ AVEC DES BOULES DE PÉTANQUE »

[La Voix du Nord]

LE CRÉMATORIUM LUI RÉCLAME PLUS D'ARGENT PARCE QUE SON MARI DÉCÉDÉ ÉTAIT EN SURPOIDS

[La Dépêche]

L'ESCROC DU DARKNET ÉTAIT DANS UNE PÉRIODE SOMBRE

[Le Dauphiné]

NÉONAZI, HOMOSEXUEL ET D'ORIGINE JUIVE, IL CLAQUE LA PORTE DE L'EXTRÊME-DROITE

[RTL]

ÉTATS-UNIS : UN POLICIER « TASE » UNE FEMME DE 87 ANS QUI COUPAIT DES PISSENLITS

[Le Parisien]

PÉROU : LÉNINE NE VEUT PAS QUE HITLER SOIT ÉLU MAIRE

[Le Matin]

AUGUSTIN FAIT DE LA TROTTINETTE FAUTEUIL AVEC PAPY

[Le Républicain Lorrain]

LA BOMBE DE LA SECONDE GUERRE MONDIALE ÉTAIT EN FAIT UNE COURGETTE

[BFM TV]

SOUTENU PAR LA CGT, UN SALARIÉ DE LA CGT ATTAQUE LA DIRECTION DE LA CGT AUX PRUD'HOMMES

[20 Minutes]

UN COUPLE DE FRANÇAIS TENTE DE VOLER UNE GONDOLE À VENISE, MAIS COULE AVEC

[RTBF]

UN HOMME BRAQUE UN SALON DE COIFFURE AVEC UN SABRE DE SAMOURAÏ ET EMPORTE DU GEL ALORS QU'IL EST CHAUVE

[La Dernière Heure]

VAGUE DE FROID : TROIS PERSONNES MORTES ONT TROUVÉ LA MORT

[France Info]

ARRAS : LES VOISINS CROIENT À UN DIFFÉRENT CONJUGAL, LA POLICE DÉCOUVRE UN COUPLE PLEURANT LA MORT DE JOHNNY HALLYDAY

[La Voix du Nord]

MORBIHAN : LA MAMIE DE 83 ANS RAYAIT LES VOITURES ET POURRISSAIT LA VIE DE SES VOISINS

[20 Minutes]

UN CHIRURGIEN RECONNAÎT AVOIR GRAVÉ SES INITIALES SUR LE FOIE DE SES PATIENTS AU ROYAUME-UNI

[Le Parisien]

SAINT-BRIEUC : À 73 ANS, IL FAIT 17 TOURS DE ROND-POINT POUR FUIR LA POLICE

[Ouest-France]

AUVERGNE : LES CAMBRIOLEURS REPARTENT AVEC 700 FROMAGES SAINT-NECTAIRE

[La Dépêche]

ENFERMÉ DANS UNE CHAMBRE FROIDE, IL EST SAUVÉ PAR UN BOUDIN

[Le Dauphiné]

LA TEMPÊTE FIONN SE PRÉCISE. DU VENT TRÈS FORT DÈS MARDI

[Ouest-France]

12 DROMADAIRES DISQUALIFIÉS D'UN CONCOURS DE BEAUTÉ POUR AVOIR REÇU DU BOTOX

[Slate]

JEAN QUETTE, L'ANCIEN POLICIER, EST DÉCÉDÉ

[Compiègne Hebdo]

EN TRACTEUR, IL PARVIENT À SEMER LES GENDARMES SUR 32 KILOMÈTRES

[Europe 1]

QUAND UNE BOUTIQUE ANNONCE « LA LAPIDATION TOTALE » DE SON STOCK

[Le Dauphiné]

LE PRINCE HARRY PRESQUE MORDU PAR UN PONEY EN ÉCOSSE

[BFM TV]

GARD :
PAR DESSUS LE MUR DE LA PRISON, ILS ENVOIENT DES POISSONS ROUGES À UN AMI DÉTENU

[20 Minutes]

IL OUBLIE LE ROND-POINT ET DÉCOLLE

[Moniteur Automobile]

CHINE : LE GOUVERNEMENT INTERDIT LES STRIP-TEASES AUX ENTERREMENTS

[20 Minutes]

EURE-ET-LOIRE : LES GENDARMES NÉGOCIENT DES HEURES AVEC UN FORCENÉ RETRANCHÉ... ALORS QU'IL N'EST PAS CHEZ LUI

[Le Parisien]

BIRON : IL PASSE UN ENTRETIEN D'EMBAUCHE ET VOLE LE CHÉQUIER DU PATRON

[La République des Pyrénées]

APRÈS 6 MOIS DE CAVALE, IL EST ARRÊTÉ À DISNEY

[Le Républicain Lorrain]

UNE ENQUÊTE POUR « APOLOGIE DU TERRORISME » OUVERTE APRÈS QU'UNE MILITANTE VÉGANE S'EST RÉJOUIE DE LA MORT DU BOUCHER DU SUPER U

[France Info]

DES ENFANTS SOUFFLENT DANS L'ETHYLOTEST POUR QUE LE BUS DÉMARRE : LE CHAUFFEUR CONDAMNÉ

[Le Dauphiné]

METZ : IL NOTE L'HÔTEL DE POLICE SUR INTERNET APRÈS UNE NUIT EN GARDE À VUE

[Le Parisien]

À LYON, UN HOMME AGRESSÉ PAR SES QUATRE MAÎTRESSES LORS D'UNE EXPÉDITION PUNITIVE

[BFM TV]

GARD : POUR RECONQUÉRIR SA PETITE AMIE, IL LUI ENVOIE 80 000 SMS

[La Dépêche]

INSULTÉE PAR UNE AUTRE CLIENTE, ELLE SE VENGE EN ACHETANT TOUS LES CUPCAKES DU MAGASIN

[BFM TV]

CETTE TORTUE AUX CHEVEUX VERTS RESPIRE PAR LE SEXE

[La Tribune de Genève]

APRÈS 35 ANS DE MARIAGE ET 9 ENFANTS, IL APPREND QU'IL EST STÉRILE

[Le Figaro]

BOURGOGNE : UN HOMME MEURT NOYÉ EMPORTÉ PAR LA TRUITE QU'IL PÊCHAIT

[RTL]

À 12 ANS, IL PART EN VACANCES À BALI AVEC LA CARTE BANCAIRE DE SES PARENTS

[Ouest-France]

LES FOURMIS EXPLOSIVES SE FONT KAMIKAZES

[Le Figaro]

LA CONFRÉRIE DE LA MOULE REFUSE LES FEMMES

[Le Courrier Picard]

L'OFFICIÈRE DE POLICE CROYAIT RENTRER CHEZ ELLE, SE TROMPE DE MAISON ET TUE L'OCCUPANT

[Washington Post]

IL MORD UN POLICIER DEVANT LE TRIBUNAL : « COMMENT C’EST POSSIBLE ? J’AI PAS DE DENTS ! »

[La Voix du Nord]

LES MOINES DE GRIMBERGEN ONT PERDU LA RECETTE DE LEUR BIÈRE

[Famille Chrétienne]

DES CHERCHEURS TRANSFÈRENT LA MÉMOIRE D'UN ESCARGOT DE MER À UN AUTRE

[Sciences et Avenir]

UN DÉTENU DE LA TALAUDIÈRE AVAIT UNE PISCINE GONFLABLE DANS SA CELLULE

[La Tribune]

ÉTATS-UNIS : UN AGENT DU FBI TIRE ACCIDENTELLEMENT SUR UN CLIENT EN FAISANT UN FLIP ARRIÈRE DANS UN BAR

[20 Minutes]

ANDROÏD RETIRE L'ŒUF DE SON ÉMOJI SALADE POUR SATISFAIRE LES VÉGANS

[France Info]

DEPUIS QU'IL A SURPRIS SA COMPAGNE EN PLEIN ÉBAT AVEC SON BEAU-PÈRE, KEVIN A ENVIE DE MEURTRE

[Le Courrier Picard]

IL CUISINE SON PIED AMPUTÉ ET LE SERT EN TACOS À DES AMIS

[Le Dauphiné]

LES BOUCHERS-CHARCUTIERS DEMANDENT À ÊTRE PROTÉGÉS FACE À « LA VIOLENCE » VÉGANE

[Le Monde]

DÉCÈS D'UN ENFANT : L'ENQUÊTE SUR DES REBLOCHONS AVANCE

[Le Figaro]

PAS DE JUMELAGE ENTRE MESSEIN ET MONTETON

[La Dépêche]

BREST : DU SURSIS POUR L'UNIJAMBISTE QUI ROULAIT ALCOOLISÉ, SANS PERMIS ET À CONTRESENS

[Ouest-France]

ZIMBABWE : UN PASTEUR ARRÊTÉ POUR VENTE DE TICKETS POUR LE PARADIS

[Paris Match]

DRÔME : IL TUE UNE FEMME POUR « SAVOIR CE QUE ÇA FAIT »

[La Dépêche]

UN HOMME SANS BRAS POIGNARDE UN TOURISTE AVEC SES PIEDS

[France Soir]

UN PUDDING QUI AVAIT DISPARU DANS L'ESPACE A ÉTÉ RETROUVÉ DANS UNE FERME

[20 MInutes]

HAUTE-VIENNE : IL LÂCHE DES ABEILLES SUR L'HUISSIER AVANT DE SE RETRANCHER CHEZ LUI

[RTL]

UN CAMBRIOLEUR RÉVEILLE SES VICTIMES POUR LEUR DEMANDER LE CODE WIFI

[Le Progrès]

UN PINGOUIN RATE SA MIGRATION ET S'INSTALLE À SÈTE

[Midi Libre]

SEIZE ANS D'AMOUR ET DE FIDÉLITÉ, 57 ENFANTS : L'INCROYABLE COUPLE DE CIGOGNES CROATES

[Courrier International]

LES ROBOTS NOIRS SERAIENT VICTIMES DE RACISME

[Atlantico]

POURCHASSÉ PAR UN BÉBÉ ÉCUREUIL, IL FINIT PAR APPELER LA POLICE

[Slate]

BAGARRE BOOBA - KAARIS : 7 VOLS RETARDÉS, DE LA TAPENADE VOLÉE

[Le Parisien]

PENDANT 2 ANS, UNE FEMME CROIT ÉLEVER UN CHIOT… QUI S'AVÈRE ÊTRE UN OURS

[Biba]

TURQUIE : INTERDIT DE STADE, UN SUPPORTER LOUE UNE GRUE POUR REGARDER LE MATCH

[Le Parisien]

ARGENTINE :
UN HOMME A CHANGÉ DE SEXE POUR PARTIR 5 ANS PLUS TÔT À LA RETRAITE

[Le Parisien]

DES INDEMNITÉS CHÔMAGE ACCORDÉES À UN CHIEN

[Ouest-France]

ILS CONSTRUISENT UNE ÎLE POUR CONTOURNER L'INTERDICTION DE L'ALCOOL

[CNews]

BREXIT : LE ROYAUME-UNI CRAINT UNE PÉNURIE DE SPERME

[Vosges Matin]

UN PÉNIS DESSINÉ DANS LE CIEL PAR UN PILOTE AMÉRICAIN, L'ARMÉE S'EXCUSE

[Le Parisien]

ELLE DÉCOUVRE L'INFIDÉLITÉ DE SON MARI EN PLEIN VOL ET PROVOQUE UN ATTERRISSAGE D'URGENCE

[Sud Ouest]

ILS CAMBRIOLENT UNE MAISON TÉMOIN

[La Voix du Nord]

UN CHASSEUR ET DES POLONAIS QUI SE DISPUTENT DÉCLENCHENT UNE ALERTE ATTENTAT

[L'Alsace]

IL S'ALLONGE SUR LA ROUTE POUR MANIFESTER... ET S'ENDORT

[Le Dauphiné]

ON A TESTÉ POUR VOUS, LE TRAMPOLINE

[L'Ardennais]

DIX FOIS PLUS DE BRITANNIQUES VEULENT DEVENIR BELGES

[Le Soir]

IL PARTAIT DES STATIONS-ESSENCE SANS PAYER CAR « SON PÈRE TRAVAILLAIT CHEZ TOTAL »

[20 Minutes]

IL MANGE UN POULET VIVANT CAR IL AVAIT TROP FAIM POUR ATTENDRE QU'IL SOIT CUIT

[La Provence]

RETENU EN OTAGE PENDANT 5 ANS, IL NE CROYAIT PAS QUE TRUMP ÉTAIT VRAIMENT LE PRÉSIDENT DES ÉTATS-UNIS

[Huffington Post]

IVRE,
IL PÉNÈTRE DANS UN LOGEMENT ET DISCUTE AVEC UN BÉBÉ DE 18 MOIS

[Ouest-France]

ÉTATS-UNIS: IL CRASHE SON AVION SUR SA PROPRE MAISON APRÈS UNE DISPUTE AVEC SA FEMME

[La Charente Libre]

TROP D'ESPAGNOLS EN ESPAGNE : UNE TOURISTE DEMANDE LE REMBOURSEMENT DE SES VACANCES

[RTBF]

DEUX HOMMES ASSISTENT À UN FESTIVAL DE METAL APRÈS AVOIR FUI LEUR MAISON DE RETRAITE

[20 Minutes]

LA SOIRÉE CHAUVE-SOURIS A ATTIRÉ 17 PERSONNES

[Midi Libre]

MAINE-ET-LOIRE : UN MAIRE INTERDIT AUX MOUSTIQUES D'ENTRER DANS SA COMMUNE

[RTL]

UN ZOO DU CAIRE ACCUSÉ D'AVOIR PEINT DES ÂNES POUR LES FAIRE PASSER POUR DES ZÈBRES

[France Info]

POURQUOI LES GÂTEAUX MOUS DEVIENNENT DURS ET LES GÂTEAUX DURS DEVIENNENT MOUS ?

[Libération]

ELLE ACHÈTE UN SERPENT EN LIGNE, IL LA MORD, ELLE MEURT

[Le Dauphiné]

UN CONDUCTEUR CONTRÔLÉ POSITIF À TOUTES LES DROGUES DÉTECTABLES

[Le Point]

LES CROCS À TALON EN QUASI-RUPTURE DE STOCK

[BFM TV]

UN CHAMPIONNAT DU MONDE D'ÉQUITATION SANS CHEVAL ORGANISÉ EN VENDÉE

[France Info]

LIMOGES : SUR LE BON COIN, L'UNIJAMBISTE VEND LA TONG GAUCHE QU'IL N'UTILISE PAS

[La Dépêche]

MAISON BLANCHE : PAYÉS 65 000 $ PAR AN POUR RECOLLER LES PAPIERS DÉCHIRÉS PAR TRUMP

[La Dépêche]

TRISTE : L'HOMME QUI PUAIT EN AVION EST DÉCÉDÉ D'UNE GANGRÈNE

[Le Matin]

DISPUTE AU TÉLÉPHONE : ELLE AU VOLANT, LUI SUR LE CAPOT

[20 Minutes]

BAVURE PRÉSUMÉE À VILLE-D’AVRAY : LE JUDOKA, LA BAC ET LA GARDE À VUE DES MALENTENDANTS

[France Inter]

DÉÇU PAR SA SALADE, UN ENFANT APPELLE LA POLICE

[Le Dauphiné Libéré]

L'AUTEUR DU ROMAN « COMMENT TUER SON MARI » ACCUSÉE D'AVOIR TUÉ SON MARI

[Le Soir]

ARRÊTÉE ET MENOTTÉE, ELLE S'ENFUIT AVEC LA VOITURE DE POLICE

[Le Dauphiné]

DES PRÉSERVATIFS VEGAN ET SANS GLUTEN DÉSORMAIS DISPONIBLES À LA VENTE

[BFM TV]

IL PLANTE SES PATATES DANS LE MAUVAIS SENS, LA BOUE DÉFERLE DANS LES RUES

[Courrier Picard]

LOT-ET-GARONNE : ELLE RETROUVE L'AMANT DE SON MARI NU AVEC LE CHIEN

[Le Dauphiné]

SLOVAQUIE : IL BRAQUE UNE BANQUE AVEC UN ATTENDRISSEUR À VIANDE

[Le Figaro]

IL ACHÈTE 6 700 € DE PIZZAS AVEC LA CARTE BLEUE DE SA VOISINE MORTE

[Le Dauphiné]

APRÈS 450 KILOMÈTRES EN FAUTEUIL ROULANT, IL FINIT EN RAMPANT

[Courrier Picard]

DR. DRE PERD SON PROCÈS CONTRE LE GYNÉCOLOGUE DR. DRAI

[Europe 1]

EN QUÊTE D'UNE AVENTURE, IL ENVOYAIT DES VIBROMASSEURS À SES CIBLES PAR LA POSTE

[Le Journal de l'Ile de la Réunion]

COMMENT TUER LES RAGONDINS TROP MIGNONS ?

[Rue 89]

NOUVELLE-ZÉLANDE : UNE OTARIE GIFLE UN KAYAKISTE AVEC UN POULPE

[20 Minutes]

EN SERBIE, FESTIVAL MONDIAL DE CUISINE DE TESTICULES

[La Presse]

OM-SALZBOURG : LES ULTRAS MARSEILLE APPELLENT À « NE PAS FAIRE L'APÉRO » POUR ENTRER TÔT AU VÉLODROME

[RMC Sport]

DES JAMBONS EXAMINÉS PAR IRM

[Libération]

LES AUTORITÉS NORVÉGIENNES DEMANDENT AUX JEUNES D'ÉVITER LES RAPPORTS SEXUELS SUR LES RONDS-POINTS

[Slate]

IL SE FAIT EXPULSER D'UN VOL RYANAIR, DÉGUISÉ EN FÉE CLOCHETTE

[La Provence]

LE MAIRE DE LONDRES SURVOLE SA VILLE EN BIKINI

[Le Matin]

À AMIENS, LA DIRECTION DE WHIRLPOOL PROPOSE UN SÈCHE-LINGE AUX SALARIÉS EN GUISE D'AUGMENTATION

[Le Monde]

L'EXHIBITIONNISTE QUI SE MASTURBAIT INVOQUE UN « ACCIDENT DE SLIP » DEVANT LE TRIBUNAL DE CLERMONT-FERRAND

[La Montagne]

LE TOUQUET:
À TROIS ANS
IL PREND SON
CHIEN ET SON
BIBERON ET VA AU
SUPERMARCHÉ

[20 Minutes]

RUSSIE : UNE VOITURE L'EMPÊCHE DE SE GARER, IL LA DÉCOUPE À LA SCIE CIRCULAIRE

[La Provence]

FRANCE. LA POUPÉE GONFLABLE ÉTAIT « EN RÈGLE »

[Le Matin]

ÉTATS-UNIS : 2 ANS DE PRISON FERME POUR LA MÈRE QUI AVAIT ÉPOUSÉ SA FILLE. ELLE S'ÉTAIT DÉJÀ MARIÉE AVEC SON FILS QUELQUES ANNÉES AUPARAVANT

[RTL]

PARIS : INTERPELLÉ POUR AVOIR TAGUÉ « CONNARD» AVEC UN SEUL « N » SUR UNE VOITURE DE POLICE

[20 Minutes]

ACHEVÉ D'IMPRIMER

C'est la fin de cette édition du TOUT VA BIEN.
Si la curiosité vous ronge, vous aurez le détail de chaque histoire sur le site internet des médias cités. Si la poésie et l'absurde vous suffisent, rendez-vous l'année prochaine.
Ce livre a été imprimé par Laballery en octobre 2018.
L'illustration de couverture est de l'auteur du fameux *Le Coup du lapin, et autres histoires extravagantes*, Didier Paquignon. Si tout va bien, c'est grâce à eux.

ISBN : 978-2-37055-179-5
N° imprimeur : 810006
D.L. : automne 2018

LE TRIPODE

Littératures ■ Arts ■ Ovnis